Schulausgabe

Leserabe

1. Lesestufe

Claudia Ondracek

Die Bolzplatz-Bande macht das Spiel!

Mit Bildern von Leopé

Mildenberger Verlag

Ravensburger Buchverlag

Bibliografische Information der Deutschen Nationalbibliothek:

Die Deutsche Nationalbibliothek verzeichnet diese Publikation
in der Deutschen Nationalbibliografie.
Detaillierte bibliografische Daten sind im Internet
über **http://dnb.d-nb.de** abrufbar.

Für die fünf der Villa-Anna-Gang!

Ich danke Jan Kelly vom Friedenauer TSC
und Tim Wünnemann für ihre fachliche Beratung.

3 12

Ravensburger Leserabe

Umschlagbild: Leopé
Umschlagkonzeption: Sabine Reddig
Printed in Germany
ISBN 978-3-619-14342-9
(für die gebundene Ausgabe im Mildenberger Verlag)
ISBN 978-3-473-38538-6
(für die broschierte Ausgabe im Ravensburger Buchverlag)

www.mildenberger-verlag.de
www.ravensburger.de
www.leserabe.de

Inhalt

Nicht mit dabei

Zur Bolzplatzbande gehören:
Jan, Juri, Lea, Leon, Max und Maya.
Meist spielen die sechs Fußball.

Aber heute halten sie Kriegsrat –
die Jungs vom Fußballklub Friedenau
haben sie zu ihrem
E-Jugend-Turnier eingeladen.

„Da laufen doch nur Fußballer
in Hochglanz-Trikots rum“, mault Maya.
„… die sich für was Besseres halten“,
ergänzt Lea.

Leon nickt: „Und auf das Getue
habe ich keine Lust!“

„Da wird auch guter Fußball gespielt“,
hält Jan dagegen.
„Den spiel ich lieber selbst“,
sagt Juri und grinst.

„Aber zuschauen …“, setzt Jan an.

„Dann geh doch“,
meint Max und schaut in die Runde.
„Will noch einer?“

Leon, Juri, Maya und Lea
schütteln die Köpfe.

Was für eine Chance!

Jan läuft zum Fußballplatz.
Dort machen sich die Spieler warm.
Fünf E-Jugend-Mannschaften
treten gegeneinander an.
Nur Friedenauer sieht Jan kaum.

„Wo stecken die nur?“,
wundert sich Jan.
„Das Turnier beginnt doch schon
in einer halben Stunde!“

Da tönt es aus dem Lautsprecher:
„Jan Leitner, Jan Leitner,
bitte zum Haupteingang kommen!“

Am Eingang steht Jakob.
„Da bist du ja“, ruft er Jan zu.
„Wo sind die anderen?“

Jan zuckt mit den Schultern.
„Die hatten keine Lust.“
Jakob schießen Tränen
in die Augen.

„Verdammt“, murmelt er. „Fünf Spieler stecken im Stau fest. Wann die kommen, steht in den Sternen …
… wir sind zu wenig Spieler, wir brauchen euch …
… Herr Kelly, unser Trainer, ist einverstanden. Und die Turnierleitung ausnahmsweise auch!“

Jan strahlt.

Was für eine Chance!

„Ich mach mit“, sagt er sofort.

„Wir brauchen aber noch

vier Spieler mehr“, drängt Jakob.

„Bitte ruf die anderen an!“

Jan und Jakob laufen zu Herrn Kelly.
Der gibt ihnen sein Handy.
Bei Juri geht keiner ans Telefon.
Doch bei Maya hat Jan Erfolg.

Aber die meint nur schnippisch:
„Haben die Lackaffen
denn nicht mehr Ersatzspieler?“

Jan wird wütend:
„Ob mit Trikot oder ohne –
Fußballer sind wir alle!“

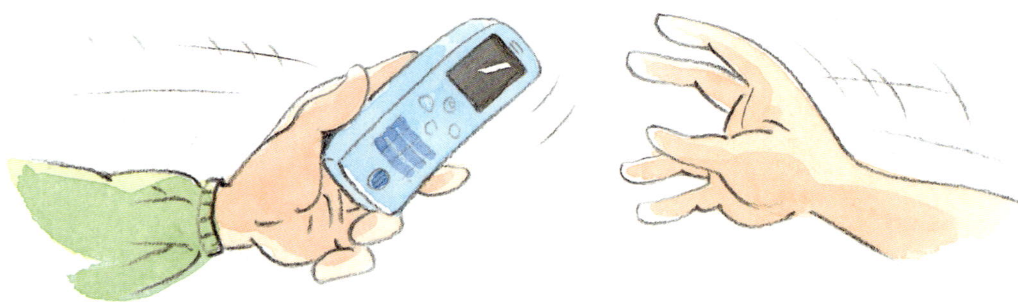

Und Jakob meint:
„Maya, bitte – wenn ihr
in 20 Minuten nicht da seid,
fliegen wir raus!“

Bitte auf den Platz

Der Friedenauer Trainer
drückt Jan ein Trikot
und Fußballschuhe in die Hand.

Dann machen sich
Jakob und Jan warm.

Sie schauen immer wieder
zum Eingang.
Aber keiner ist zu sehen.

Da knistern die Lautsprecher:
„Alle Mannschaften
bitte auf ihre Spielerbänke.
Wir geben die Auslosung
der Spiele bekannt.“

Die Friedenauer Fußballer
lassen die Köpfe hängen.

„Und nun zum Fußballklub Friedenau“,
tönt es aus dem Lautsprecher.
„Da aufgrund eines Staus
fünf Fußballer nicht hier sein können …“

„… springen folgende Spieler ein:
Jan, Juri, Maya, Leon und Lea –
und als Ersatzspieler Max.
Bitte begebt euch jetzt auf den Platz!“

Jan und Jakob starren sich an.
„Los jetzt, ihr Schlafmützen!“,
hören sie jemanden rufen.

Das ist Maya.
Zusammen mit den anderen Bolzern läuft sie über den Platz.

„Ich dachte, wir spielen?
Wir sind schon warm!
Wir sind nämlich hierhergerannt!“
Jakob springt auf.
„Danke“, ruft er den Bolzern zu.

„Wofür?“, fragt Juri und grinst.
„Ein gutes Spiel haben sich die Turbo 6 noch nie entgehen lassen!“

Schnell weist Herr Kelly
sie in ihre Positionen ein.
Da ertönt schon der Anpfiff!

Voller Einsatz

Das Zusammenspiel
klappt erst nicht so gut.
Die Bolzer sind zu aufgeregt:

Sie passen zu ungenau
und lassen sich den Ball abluchsen.
Bald steht es 0:1.

„Oh Mann“, stöhnt Jan,
als sich sein Gegenspieler
wie eine Wand vor ihm aufbaut.
„Die bremsen uns ja total aus!“

„Dann lauf dich frei!“,
ruft Jakob ihm zu.
„Los jetzt, ihr habt uns
oft genug abgezogen!“

Da schlägt Jan einen Haken.
Er hängt seinen Gegner ab
und Jakob spielt ihm den Ball zu.

„Juri steht rechts frei!“, ruft Lea.
Aber Jan passt zu Jakob
in den Strafraum.

Als Jakob den Ball nimmt,
erwischt ihn ein Fuß an der Wade.

Jakob stürzt. Foul!
Der Schiedsrichter
pfeift einen Elfmeter.

Jakob legt den Ball
auf den Elfmeterpunkt.
„Schieß du“, sagt er zu Juri.
„Das war eigentlich dein Ball!“

Juri zögert.
Dann läuft er an …

… und drischt den Ball
unter der Querlatte ins Netz.

„1:1!“, brüllen die Friedenauer
und lassen Juri hochleben.
Nun gibt es kein Halten mehr!

Leon schießt aus dem Mittelfeld
eine lange Flanke vors Tor.
Dort stehen Maya und Jakob.

Maya steigt hoch.
Doch der Gegner vor ihr
köpft den Ball ins Aus.

„Autsch!“, schreit Maya,
als sie auf dem Boden aufkommt.
Sie ist mit dem Fuß umgeknickt.
Maya humpelt zur Außenlinie.

Dort wartet bereits Max.
„Mach was aus dem Eckball!“,
ruft ihm Maya zu.

Max hebt den Ball –
er fliegt direkt auf Tim zu.
Und der köpft ihn ins Tor.

„2:1!“, brüllt Max begeistert.
Und dabei bleibt es auch.

Jetzt geht's um die Wurst

„Ihr müsst jetzt alles geben",
spornt Herr Kelly seine Spieler an.
„Zwei Siege und ein Unentschieden.
Wenn wir das Spiel hier gewinnen,
dann sind wir Turniersieger!"

„Kein Problem“, sagt da jemand.
„Jetzt sind wir ja da!“
Hinter der Bank stehen
die fünf Friedenauer Spieler,
die im Stau stecken geblieben sind.

„Aber …“, protestiert Maya.
„Nichts aber“, sagt einer der fünf.
„Jetzt sind wir Profis gefragt!“

Da steht Jakob auf.
„Die sechs sind Profis“,
erwidert er scharf.

„Die sind für euch eingesprungen –
und die spielen jetzt auch
im letzten Spiel mit.“
Es herrscht Totenstille.

„Das finde ich auch!“,
sagt Tim in die Stille hinein
und stellt sich neben Jakob.

Nach und nach stehen
alle Friedenauer Spieler auf.
Herr Kelly nickt: „Klare Entscheidung!“

Die Friedenauer machen Druck.
Aber der Ball will nicht ins Tor.
„Los!“, brüllt Herr Kelly vom Rand.
„Gleich ist Schluss,
und wir brauchen das 1:0!“

Da macht Paul aus dem Tor heraus
einen weiten Abschlag.

Jakob stoppt den Ball mit der Brust
und schießt.

Der Ball knallt an den Pfosten.
„Verdammt!“, flucht Jakob
und stürmt zum Ball.

Doch Lea ist schneller.
Sie stoppt den Abpraller –
und zielt …

„Tor!“, schreit Jakob. „Super, Lea,
wir haben die drei Punkte!
Der Pokal gehört uns!“
Da ertönt der Abpfiff.

Jan macht einen Luftsprung
und ruft: „Wow, die Turbo 6
haben ihr erstes Turnier gewonnen!“

„Und eine Runde Fußballschuhe“,
ergänzt Herr Kelly und lacht.
„Denn wer so spielt, hat sie verdient!“

Wichtige Wörter bei Turnieren

Fußballturniere sind Wettbewerbe, bei denen zwei oder mehr Mannschaften gegeneinander antreten und um den Sieg spielen.

Auslosung: Am Anfang wird ausgelost, welche Mannschaft gegen welche Mannschaft oder in welcher Gruppe spielt.

Finale: Das Spiel zweier Mannschaften um den Turniersieg.

Halbfinale: Vier Mannschaften spielen um den ersten bis vierten Platz. Meist werden zwei Zweiergruppen gebildet: Die Gewinner jeder Gruppe spielen im Endspiel um Platz 1 und 2, die Verlierer um Platz 3 und 4.

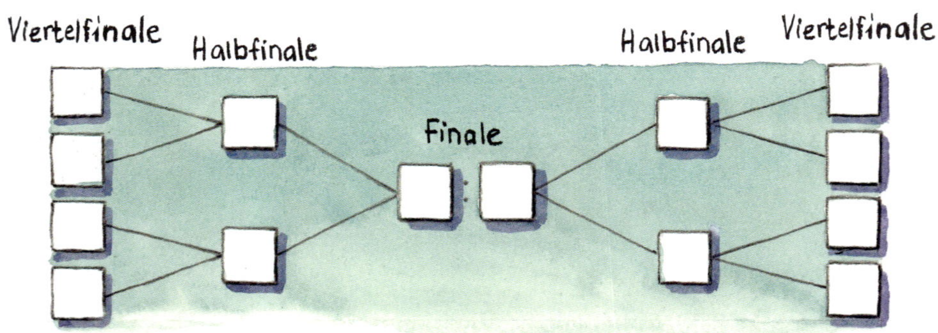

K.-o.-System: In jeder Spielrunde treten zwei Mannschaften gegeneinander an. Der Verlierer scheidet aus.
Der Sieger kommt in die nächste Spielrunde.

Ligasystem (= Rundenturnier): Jede Mannschaft spielt gegen jede. Treten viele Mannschaften gegeneinander an, werden Gruppen mit mindestens drei Mannschaften gebildet. Die Punktesieger der Gruppen spielen dann wiederum gegeneinander um den Sieg.

Punkte: Damit werden die Spiele bewertet. Bei einem Sieg bekommt der Gewinner drei Punkte, bei einem **Unentschieden** jede Mannschaft einen Punkt.

Qualifikationsspiel: Um an Turnieren teilnehmen zu können, werden vorher meist Qualifikationsspiele durchgeführt. Hier wird in der Regel nach dem K.-o.-System gespielt.

Tabelle: Der Punktestand **(Punkte)** in der Tabelle zeigt die Rangfolge der Mannschaften an.

	Team	Pkt	Sp	S	U	N	T+	T-	Diff
1	FC Jux	15	6	5	0	1	12	5	+7
2	Toller VFB	13	6	4	1	1	10	4	+6
3	SV Spaß	7	6	2	1	3	6	7	-1
4	Wacker 05	0	6	0	0	6	3	15	-12

Unentschieden: Gleichstand der Tore beim Abpfiff.

Verlängerung: Steht es beim Abpfiff eines wichtigen Spiels unentschieden, folgt zunächst eine Verlängerung, bei weiterem Torgleichstand dann ein Elfmeterschießen.

Viertelfinale: Acht Mannschaften treten im **K.-o.-System** gegeneinander an und spielen um den Einzug ins **Halbfinale**.

Vorrundenspiel: Anderes Wort für die **Qualifikationsspiele** eines Turniers oder die Spiele der Turniergruppen vor den Finalrunden.

Leserätsel

mit dem Leseraben

Super, du hast das ganze Buch geschafft! Hast du die Geschichte ganz genau gelesen? Der Leserabe hat sich ein paar spannende Rätsel für echte Lese-Detektive ausgedacht. Mal sehen, ob du die Fragen beantworten kannst. Wenn nicht, lies einfach noch mal auf den Seiten nach. Wenn du die richtigen Antwortbuchstaben in die Kästchen auf Seite 41 eingesetzt hast, bekommst du das Lösungswort.

Fragen zur Geschichte

1. Warum will zuerst nur Jan zum Fußballturnier? (Seite 6)

T: Der Rest hat keine Lust auf das Getue der anderen Spieler.

S: Maya, Juri und die anderen möchten lieber fernsehen.

2. Weshalb kommen die fünf Friedenauer zu spät? (Seite 11)

A : Sie haben Angst zu verlieren.

O : Sie stecken noch im Stau.

3. Warum spielt Max am Anfang nicht mit? (Seite 18)

W : Er hat kein Hochglanz-Trikot.

J : Er ist der Ersatzspieler.

4. Aus welchem Grund muss Maya das Spielfeld verlassen? (Seite 28)

Ä : Sie knickt mit dem Fuß um.

B : Sie hat einen anderen Spieler gefoult.

5. Was bekommt die Bolzplatz-Bande für ihr gutes Spiel? (Seite 37)

I : Eine riesige Portion Eis.

E : Eine Runde Fußballschuhe.

Lösungswort:

1	2	R	3	4	G	5	R

Rabenpost

Super, alles richtig gemacht! Jetzt wird es Zeit für die RABENPOST.
Schicke dem LESERABEN einfach eine Karte mit dem richtigen Lösungswort. Oder schreib eine E-Mail. Wir verlosen jeden Monat 10 Buchpakete unter den Einsendern!

An den LESERABEN
RABENPOST
Postfach 20 07
88 190 Ravensburg
Deutschland

leserabe@ravensburger.de
Besuch mich doch auf meiner Webseite:
www.leserabe.de

Leichter lesen lernen mit der Silbenmethode

Durch die farbige Kennzeichnung der einzelnen Silben lernen die Kinder leichter lesen. Das gelingt folgendermaßen:

1. Die einzelnen Wörter werden in Buchstabengruppen aufgeteilt. Diese kleinen Gruppen sind leichter zu erfassen als das ganze Wort.
2. Die Buchstabengruppen sind ganz besondere Einheiten: Sie zeigen die Sprech-Silben an. Die Sprech-Silben sind der Schlüssel, um ein Wort richtig lesen und verstehen zu können.

Zum Beispiel können bei dem Wort „Giraffe“ auch die ersten drei Buchstaben „Gir“ als Gruppe gelesen werden: Gir - af - fe. Das könnte dann der Name einer besonderen Affenart sein.
Mit den farbigen Silben dagegen werden sofort die richtigen Buchstabengruppen erkannt: Gi - raf - fe. Beim Lesen ergibt sich automatisch der richtige Sinn. Es ist das Tier mit dem langen Hals gemeint.

Warum ist das so?
Beim Lesen in **Sprech-Silben** klingen die Wörter so, wie wir sie **sprechen** und **hören**. So kann der Sinn der Texte leichter entschlüsselt werden – lesen macht Spaß!
Sobald das Lesen flüssig gelingt, können auch alle Texte ohne farbige Silben sicher erfasst werden. Durch das Training erkennen die Kinder die Sprech-Silben automatisch.
Dadurch lesen alle Leseanfänger leichter und besser – und auch die nicht so starken Leser können schneller Erfolge erzielen.

Die farbigen Silben helfen nicht nur beim Lesen, sondern auch bei der **Rechtschreibung**. Sie machen die Struktur der deutschen Sprache sichtbar. Der Leseanfänger nimmt von Anfang an die Silbengliederung der Wörter wahr – und kann so die richtige Schreibweise ableiten.

Markieren die farbigen Silben die Worttrennung?
Die farbigen Silben zeigen die Sprech-Silben eines Wortes an. In den allermeisten Fällen ist das identisch mit der möglichen Worttrennung am Zeilenende. In erster Linie bei der Trennung einzelner Vokale (a, e, i, o, u; z. B. E-va, O-fen, Ra-di-o) gibt es einen Unterschied: Nach der aktuellen Rechtschreibung werden diese am Zeilenende nicht abgetrennt. Da diese Wörter aber mehrere Sprech-Silben haben, sind diese auch mit zwei Farben gekennzeichnet: Eva, Ofen, Radio, beobachten.

Weitere Informationen zur Silbenmethode auf: www.silbenmethode.de

Ravensburger Bücher Unsere Empfehlung

Leserabe

Leichter lesen lernen mit der Silbenmethode

ISBN 978-3-473-**38532**-4*
ISBN 978-3-619-**14340**-5**

ISBN 978-3-473-**38533**-1*
ISBN 978-3-619-**14346**-7**

ISBN 978-3-473-**38534**-8*
ISBN 978-3-619-**14341**-2**

ISBN 978-3-473-**38539**-3*
ISBN 978-3-619-**14348**-1**

ISBN 978-3-473-**38538**-6*
ISBN 978-3-619-**14342**-9**

ISBN 978-3-473-**38535**-5*
ISBN 978-3-619-**14343**-6**

ISBN 978-3-473-**38536**-2*
ISBN 978-3-619-**14344**-3**

ISBN 978-3-473-**38540**-9*
ISBN 978-3-619-**14347**-4**

ISBN 978-3-473-**38541**-6*
ISBN 978-3-619-**14349**-8**

ISBN 978-3-473-**38537**-9*
ISBN 978-3-619-**14345**-0**

* **Broschierte Ausgabe** bei Ravensburger

** **Gebundene Ausgabe** bei Mildenberger

Mildenberger Verlag

Ravensburger

www.ravensburger.de / www.mildenberger-verlag.de

ERZ_09_006